Agradecimientos

Queremos agradecer a todos los artistas
participantes en este proyecto,
por confiar y creer en nuestra propuesta.

A Miguel Ángel Ricardez, por ayudarnos a identificar
nuestras emociones y mostrarnos cómo plasmarlas en un lienzo.

A Luz Rodríguez, por guiarnos en la elaboración de los
microrrelatos encadenados y mostrarnos lo terapéutico
que puede resultar escribir si lo hacemos desde el corazón.

Gracias a nuestros patrocinadores por el apoyo.

Gracias a nuestra Asociación Plástica de Monterrey.

Y gracias a usted, por tener el libro
ESPECTRO DE EMOCIONES en sus manos.

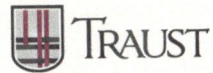

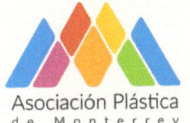

Asociación Plástica
de Monterrey

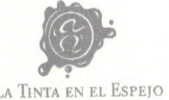

La Tinta en el Espejo

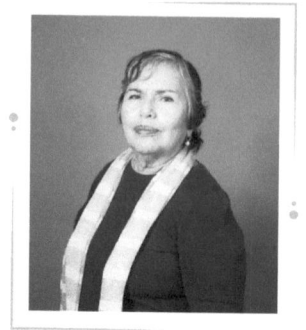

Irene Espinosa

He perdido la noción del tiempo y no sé cómo recuperarla. Esta sensación la causan los tejidos en mis manos, hechos por mi abuela, por mi madre, alguno de mi tatarabuela y ahora admirados por mi nieta. Por amor han tejido las mujeres que han forjado la familia; para la bebita, la novia, para la hija que lejos está. Tocando el hilo sentirá la amorosa presencia de mamá. Cuánto tiempo y cuán poco, cientos de años y tan cerca una de otra, su corazón amando, lo que fue y aún lo que será. No importa el tiempo, sino el amor.

¿Qué sería de nuestra vida sin emociones?

Si no pudiéramos experimentar la adrenalina que provoca el saber que pronto veremos a alguien o sentir la alegría de abrazar a quien amamos, y por qué no, de ponernos tristes o melancólicos ante situaciones que no quisiéramos vivir. Creo que no existen emociones buenas ni malas, de hecho, siento que todas son necesarias para vivir. Todas las emociones surgen por algo y para algo.

Espectro de Emociones es una colección creada por 38 artistas de la Asociación Plástica de Monterrey, en sus obras podrás percibir amor, sueños, tristezas, añoranzas, esperanza y muchas emociones más... Los textos fueron realizados por cada uno de nosotros, de la mano de Luz Rodríguez, a quien agradezco profundamente su asesoría y guía; a través de microrrelatos encadenados podrás conocer el sentimiento que nos movió en la realización de cada pieza.

Todos hemos experimentado diferentes emociones a lo largo de nuestra vida y no siempre tenemos la oportunidad de plasmarlas en una pintura o escribirlas en un papel, sólo las guardamos celosamente dentro de nosotros sin saber que son bombas de tiempo que pueden afectar nuestra salud mental y física.

Por eso es que deseo de corazón que el libro que ahora tienes en tus manos sirva para darte ese permiso de expresar, por el medio que sea, esas emociones que a veces nos invaden y que necesitan ver la luz para poder ser reconocidas y llamadas por su nombre.

Edna Alicia Sáenz Martínez
Presidenta de la Asociación Plástica de Monterrey
Año 2023

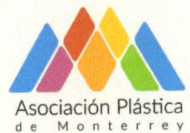

Asociación Plástica
de Monterrey

ESPECTRO DE EMOCIONES

Dirección editorial
Luz Rodríguez
larc2005larc@gmail.com

Diseño y diagramación
Mónica Espinosa Villarreal

Diseño de portada
Juan Ángel Castañeda

Corrección
Ricardo Espinosa Villarreal

Fotografía
Iván González

Asesoría técnica
Carmen Yolanda Macossay-Torres

Voz
Rosalinda Rodríguez
Hernán Patricio Tamez

Música
Julián Guajardo

Un proyecto de:
Asociación Plástica de Monterrey
La Tinta en el espejo
Puentes de papel

Impreso en Monterrey, N. L., México.

Segunda edición, 2024

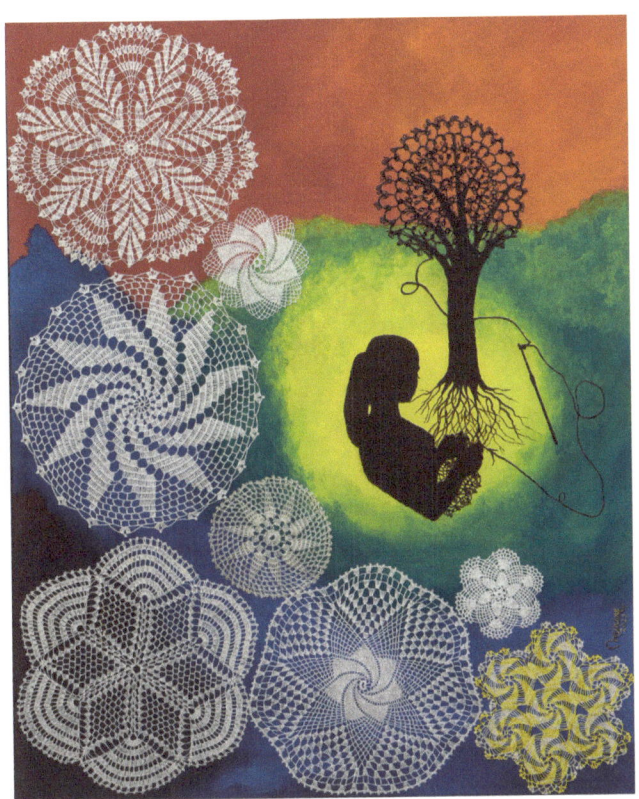

Título: Tejido familiar, amor e identidad

Autor: Irene Espinosa

Técnica mixta: Acrílico, pegamento y tejido de ganchillo

Medida: 100 x 80 cm

Año: 2023

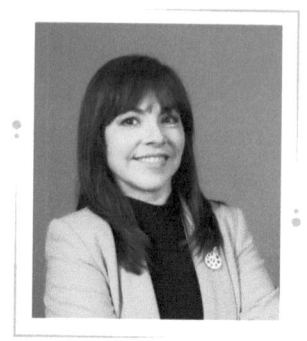

Alma Eliz

No importa el tiempo, sino el amor, aunque ayer el amor se fue. Busqué en vano su regreso. Lloré de tristeza, ardí en llamas de ira, quise renacer. Me quedé sola, perdida, vacía, incomprendida, anhelando compañía. ¿Tendría sentido la vida? Soledad, ¡cómo me hiciste sufrir! Te creí mi enemiga, ahora sé que eres mi amiga. Gracias a ti, aprendería a amarme a mí misma. ¡Quién lo diría! Soledad y amor propio, los creí tan contradictorios, pero juntos sanarían las heridas. Ahora caminamos juntos, el sendero no es fácil, pero aprendo a encontrarme. Siento lo que soy y lo que fui.

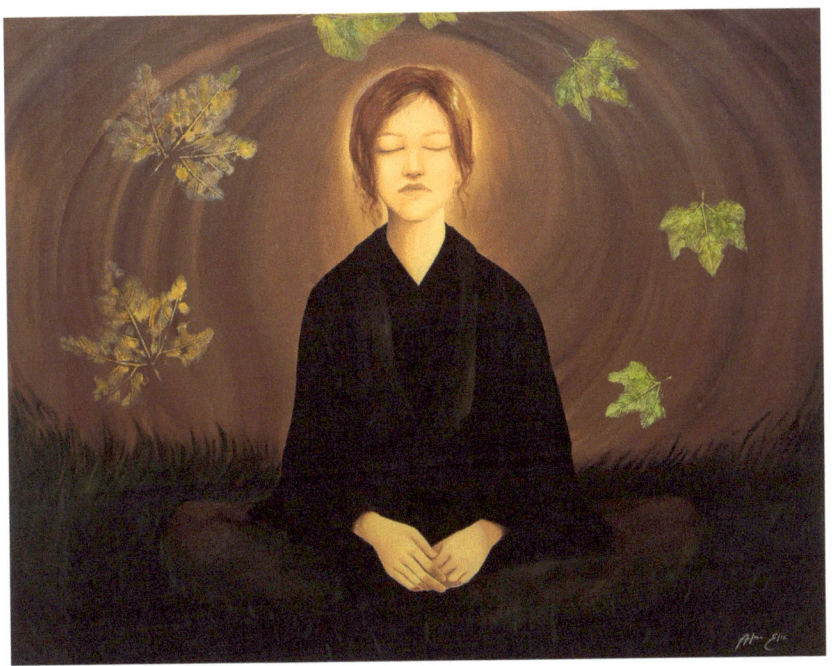

Título: Lo que soy y lo que fui

Autor: Alma Eliz

Técnica: Acrílico

Medida: 100 x 80 cm

Año: 2023

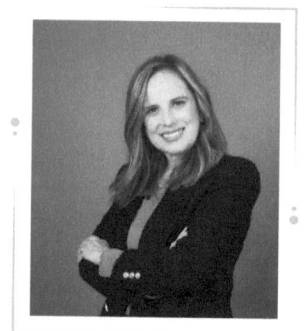

Esthela Guzmán

· — ● — ·

Siento lo que soy y lo que fui, tratando de sobrevivir al ruido de mis pensamientos, que alzan la voz a pesar de mis esfuerzos por dejar fluir mis sentimientos atrapados en la espalda. Ellos contienden todo el tiempo en una guerra que se olvida, que destruye la tierra de la vida mía. Busco tregua, busco paz, pero el tiempo se va, se evapora mientras anhelo conciliar entre mi ser, mis sentimientos y la razón que no cede en mi esforzado andar. Y si dejara la batalla, si volteara a donde mi rodilla pueda alcanzar, el tiempo dejaría de importar.

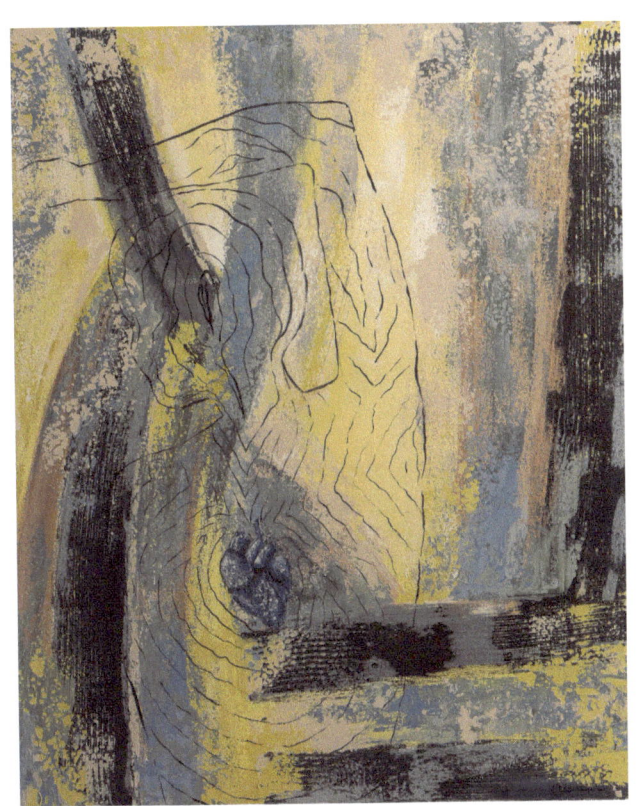

Título: Lucha
Autor: Esthela Guzmán
Técnica: Acrílico
Medida: 100 x 80 cm
Año: 2023

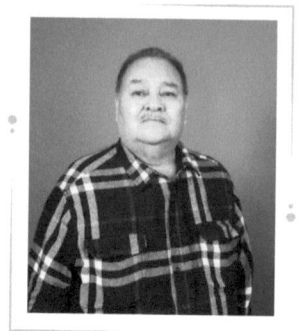

Héctor Daniel Zárate

· ● — ● — ● · · ●

El tiempo dejaría de importar mientras viva enamorado de un ser único, irrepetible, sabio, generoso. Sobrepasando nuestro cuerpo físico, dejando nuestro espacio al trascender del amor físico al cuántico, al holograma. Historia de nuestra vida como un sueño, como un soplo divino. Es el éxtasis del amor limpio y puro a imagen y semejanza de Dios, dejamos a nuestra descendencia para continuar la obra en este *malkut* llamado tierra. Crecemos espiritualmente para tratar de alcanzar el reino de los cielos, integrarnos a la luz divina, a la energía pura, la proporción áurea... Sigamos haciéndolo por cada uno... trascender al infinito.

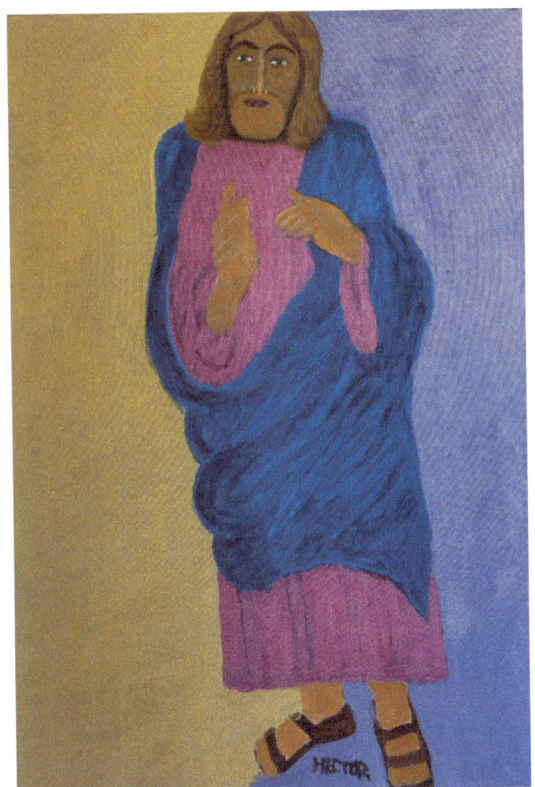

Título: El Salvador
Autor: Héctor Daniel Zárate
Técnica: Acrílico
Medida: 100 x 90 cm
Año: 2023

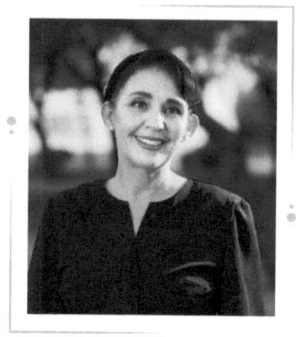

Laura Maul

· • — ● — • · —

Trascender al infinito dejando huella con hechos. Ahora más que nunca valoro cada momento de mi vida, desde un amanecer, el estar vivo, el poder sostener entre mis manos una taza de café, gozando de su aroma y sabor. Con el pincel en mano, empiezo a deslizar la pintura en lo que será mi obra. Una gran ilusión y asombro me provoca cada trazo, cómo se revelan las formas y figuras dando un significado especial a lo que quiero transmitir. Observo mi cuadro, me emociona y creo que logré lo esperado: No perder nunca la esperanza de un mejor mañana.

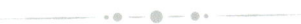

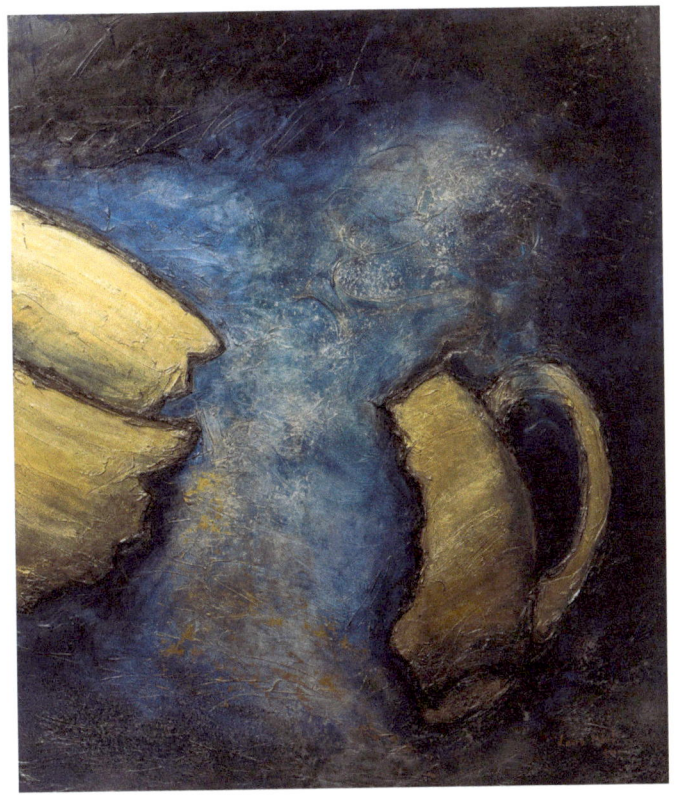

Título: Esperanza
Autor: Laura Maul
Técnica mixta: Acrílico y textura
Medida: 120 x 105 cm
Año: 2023

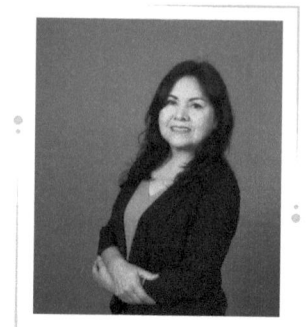

Mary Macías

· • — • — • ·

No perder nunca la esperanza de un mejor mañana y hoy. Emoción de alegría, llenas mi vida de luz y amor. Siento tu presencia, siento tu paz, siento tu alma vibrar, me conectas con la tierra, con el aire, con el mar, emoción de alegría, llenas mi vida de luz y amor. Te doy gracias por unir mi vida a la tuya y al universo. Con manos alzadas bailaré, con manos alzadas cantaré, con manos alzadas, te amaré... Así sea el más pequeño de tus soldados, te seré siempre fiel. Emoción de alegría... Llenas mi vida de luz y amor.

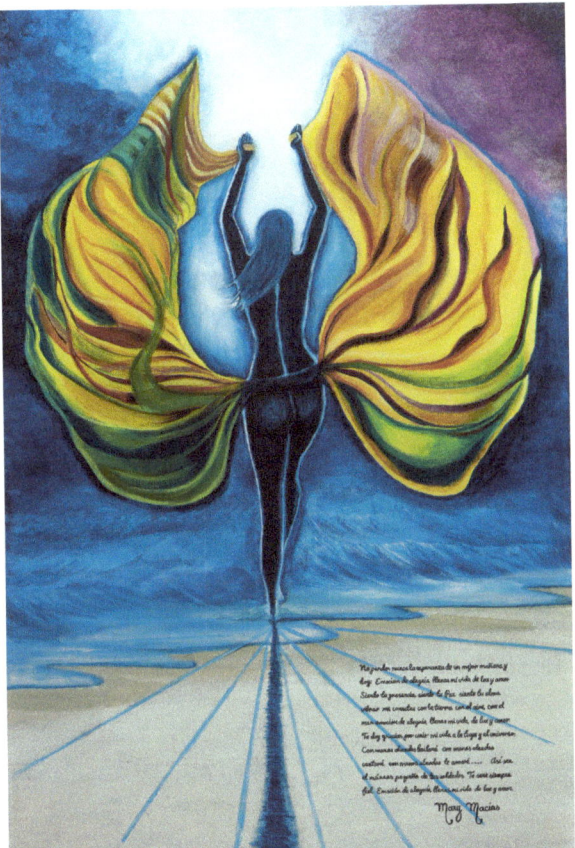

Título: Yo soy

Autor: Mary Macías

Técnica: Acrílico

Medida: 60 x 90 cm

Año: 2023

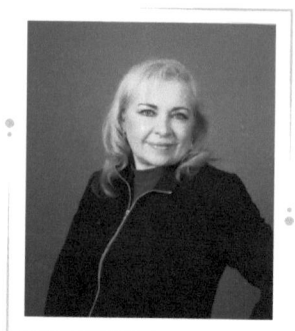

Iliana Tamez Guzmán

· ● — ● — ● — ● ·

Llenas mi vida de luz y amor... Siempre recuerdo que tenerlos es lo más trascendental en mi universo. Me asomo al balcón y al ver las nubes creo mi obra maestra... "Representar el todo con ustedes dentro de una explosión espacial". Mi aportación es su existencia, mi objetivo que trasciendan y volvamos a encontrarnos como parte de una presencia divina en otras vidas. Dentro de cada uno se encuentra la búsqueda de un buen ser humano. Su realidad me da dicha y paz interior. Hago una retrospección y admiro la naturaleza que Dios ha creado. Agradezco que permita mi existencia...

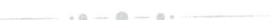

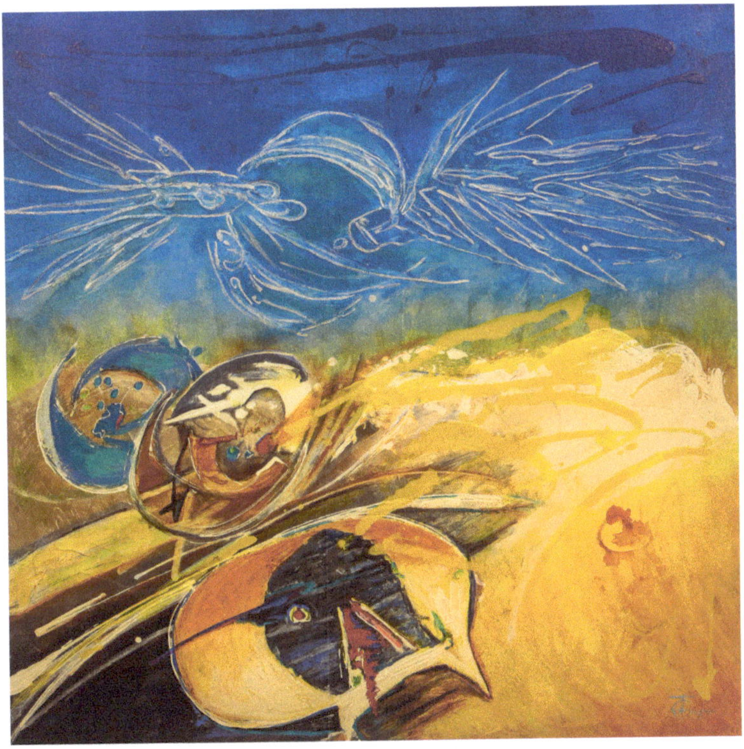

Título: Felicidad y unión espontánea

Autor: Iliana Tamez Guzmán

Técnica: Acrílico

Medida: 100 x 100 cm

Año: 2023

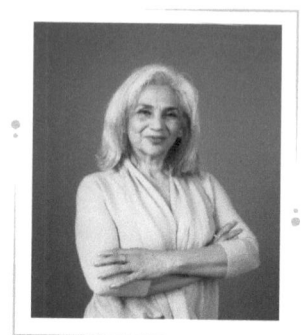

Dora Luna

Agradezco que permita mi existencia... y celebro la emoción de ser la abuela de Gala. Su llegada cambió mi mundo feliz por uno surrealista en el que puedo caminar entre nubes de algodón color rosa. Se convirtió en mi musa y me permitió descubrir un universo que me era ajeno: el del arte a través de la pintura. Con su sola presencia, ella llena de color mis dibujos en blanco y negro y me hace sentir un amor muy dulce... Es el cariñito azucarado de mi corazón... y yo... he perdido la noción del tiempo y no sé cómo recuperarla.

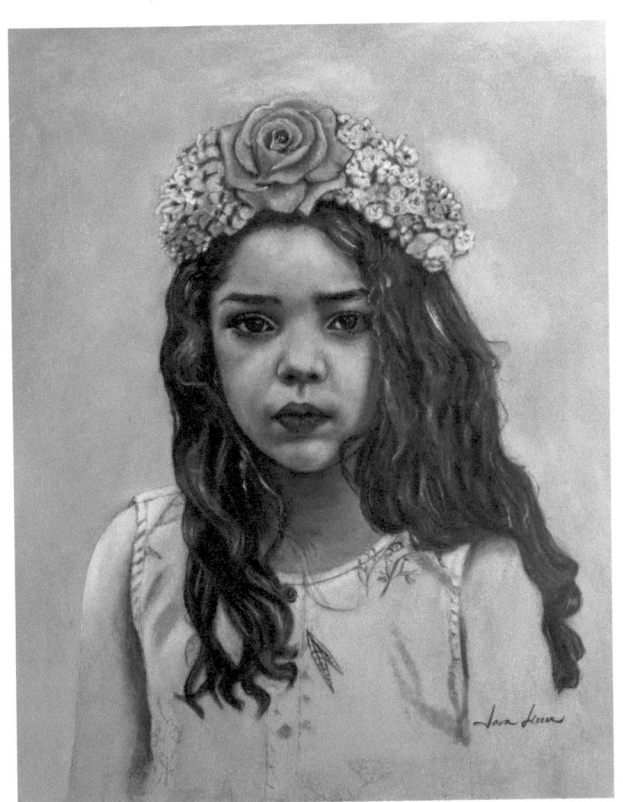

Título: Gala
Autor: Dora Luna
Técnica: Óleo
Medida: 70 x 90 cm
Año: 2023

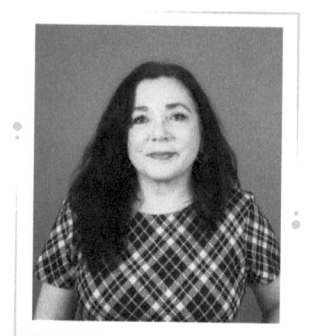

Marisela Barrios

· • — • — • ·

He perdido la noción del tiempo y no sé cómo recuperarla. ¿Quién me la robo? Por favor, Dios, ayúdame. Los días siempre son iguales, van y vienen como un calendario infinito, mi cabeza está vacía, me siento perdido y tengo miedo. A dónde se fue mi vida y mis recuerdos. Escucho una voz, alguien que se acerca. —Papá... papá... papá... Ella llega y me abraza, no sé quién es. Sé que la quiero y que la he querido siempre, todo el tiempo. Mi corazón, salta y se llena de alegría. Ya no importa el tiempo. Sólo sé, ¡cuánto la quiero!

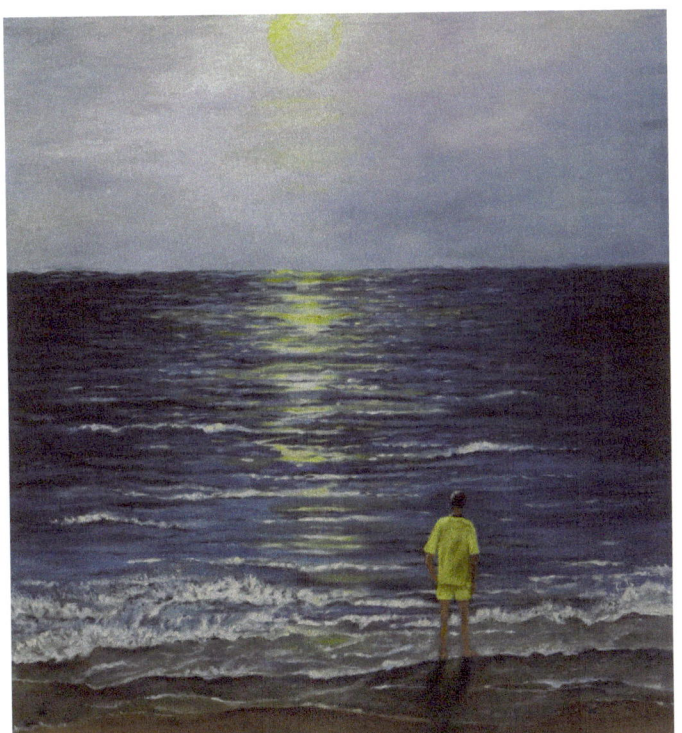

Título: Recuerdos de una vida
Autor: Marisela Barrios
Técnica: Óleo
Medida: 70 x 60 cm
Año: 2023

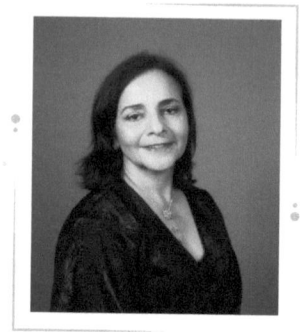

Maruka de la Garza

Sólo sé cuánto la quiero... pasa el tiempo, su ausencia ya no es dolor, se parece más a las olas del mar, son recuerdos, momentos que vienen y van, ahora es nostalgia al tiempo en que estabas, lo que sería si estuvieras y ser feliz a pesar de tu ausencia. Para agradecerte lo quise pintar, puse en mi paleta la alegría, lo aprendido, lo dicho, lo callado, junto a tantos recuerdos. Esta es la forma en la que te puedo seguir sintiendo. Uso los azules y violetas, la espuma blanca grisácea y también algunos toques de verde y amarillo escondidos.

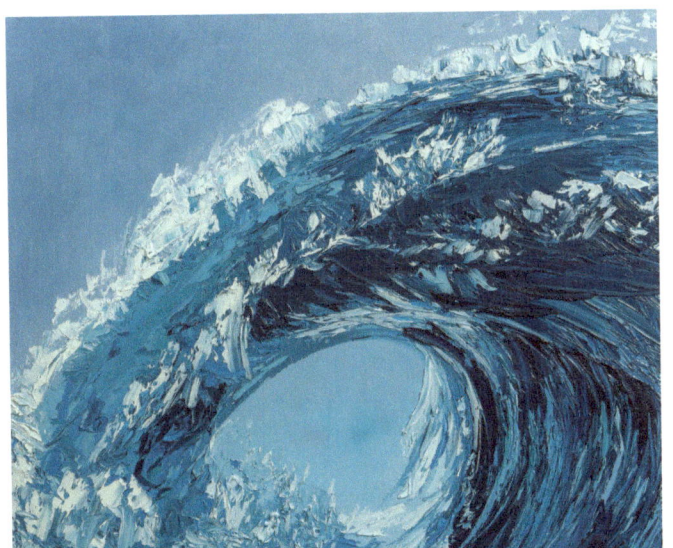

Título: El Mar
Autor: Maruca de la Garza
Técnica mixta: Óleo y espátula
Medida: 50 x 60 cm
Año: 2023

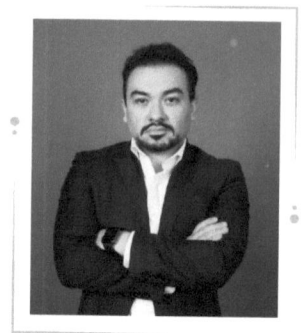

Néstor Abraham

— • ● — ● — • • —

Algunos toques de verde y amarillo escondidos... en la guitarra nueva que había solicitado el músico. En la cláusula del contrato, indicaba que requería de una guitarra única, con una impresión de arte en específico. ¿Cómo para qué? Él era un artista único con algo más que exigencias excéntricas. Este músico se sentiría pleno, vibraría con muchísima más euforia al hacer su música y produciría una magia que lo fusionaba a su guitarra y lo conectaba a su público. Esa era la única experiencia que estaba dispuesto a ofrecerles a los asistentes a su concierto. Mañana sería el gran día...

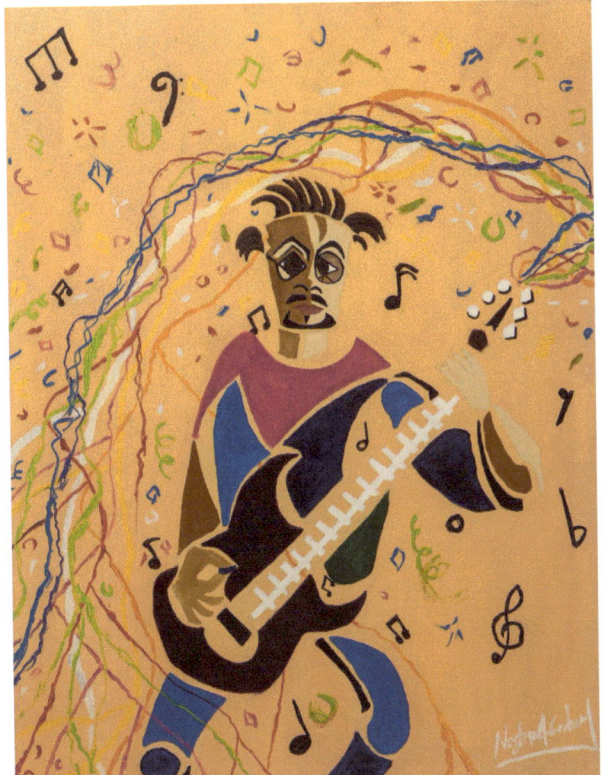

Título: *A kind of magic*
Autor: Néstor Abraham
Técnica: Óleo
Medida: 80 x 60 cm
Año: 2023

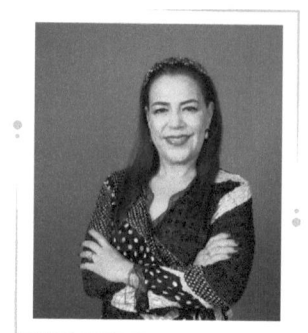

Eva Anagalí

Mañana sería el gran día... iremos con los abuelos a celebrar la Pascua, nos encanta visitarlos y jugar en el jardín. Tomo algunas flores y las pongo sobre mis cabellos, me siento parte de ellas. Soy Alba, la nieta menor. En el patio viven tres conejos blancos y tres aves que están aprendiendo a volar. Mi abuelita nos horneó un pastel delicioso. Vimos el nacimiento de seis conejos más, uno de ellos tiene una mancha en forma de corazón, lo llamamos "manchita". Estábamos felices. Siento amor por mi familia, los animales y la naturaleza. Hoy ha sido un gran día.

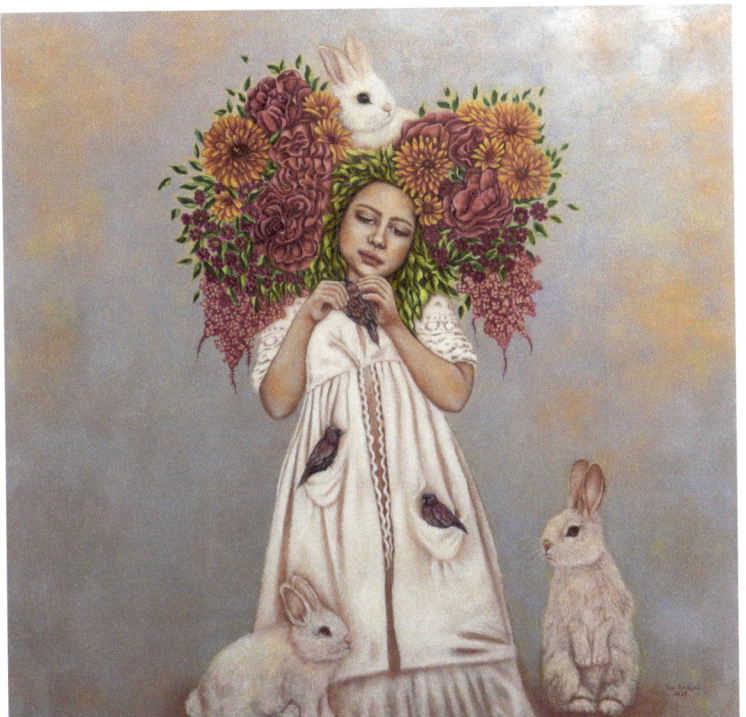

Título: Danza sagrada
Autor: Eva Anagalí
Técnica: Óleo
Medida: 110 x 110 cm
Año: 2023

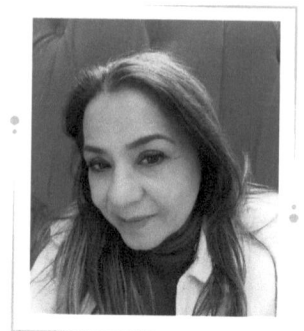

Silvia Deyanira R.

Hoy ha sido un gran día... aun cuando no esperaba ver lo que hallaría en mi cesta de costura. Entre hilos e hilazas lo sorprendí; me miró largamente. Me acerqué y dije adiós a mis carretes de hilos que siempre cuidé de mantener ordenados y listos para ser utilizados, ahora era una gran madeja revuelta. Sus orejas alzadas y el movimiento de su cola lo delataron. Iba a reclamarle cuando de un salto estuvo en mis piernas, me ronroneó, su pelo sedoso se replegaba a mi piel en un intento por evadir aquel embarazoso momento. Me rendí al soborno suplicante.

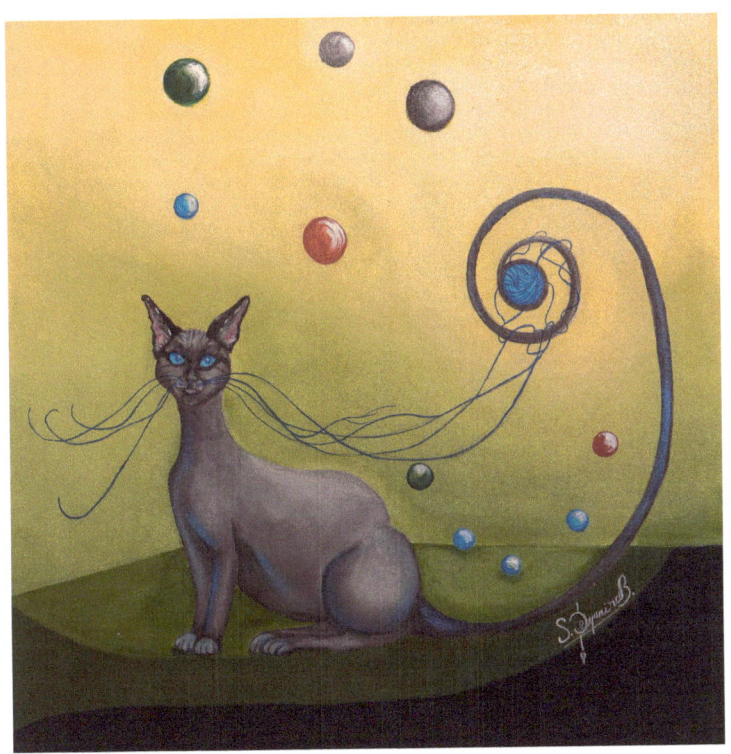

Título: Blue, infraganti
Autor: Silvia Deyanira R.
Técnica mixta: Acrílico y tinta india
Medida: 70 x 70 cm
Año: 2023

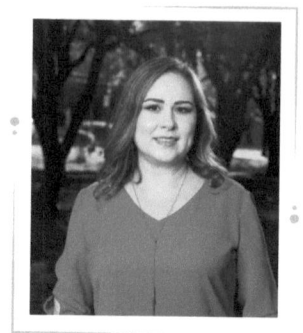

Bertha Nelly González

— ● — ● — ● —

Me rendí al soborno suplicante... y como un camino que se abre al paso todo empezó a tomar nombre y forma, el desasosiego se desvaneció casi como un vapor, dándole paso a la fe y a la esperanza que volvieron a ser sempiternas, se permitieron resurgir con tonos vivos después de aquellos colores grises que se resistían... Como un poeta creé un mundo donde todo se acerca a lo magnífico, donde mis semejantes llegan a verdaderos acuerdos, donde la creatividad y la expresión lucen por doquier, lo sano no es novedad y por ende el amor y la responsabilidad florecen.

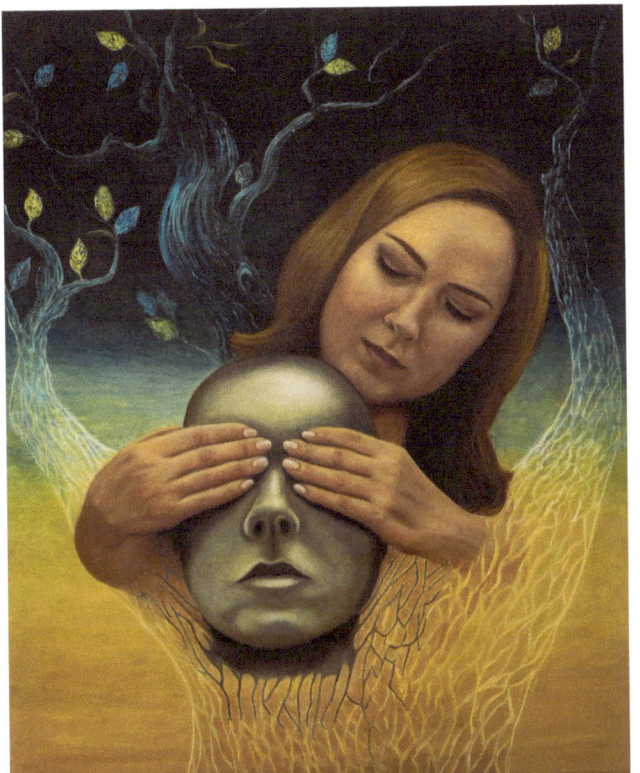

Título: Diálogos efímeros
Autor: Bertha Nelly González
Técnica: Óleo
Medida: 100 x 80 cm
Año: 2023

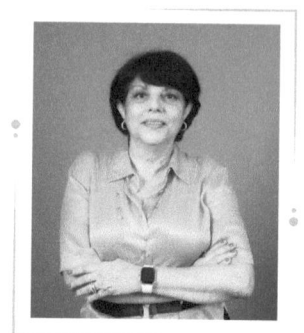

Martha Villegas

El amor y la responsabilidad florecen en mí cuando te tengo cerca. Entonces, todo me parece fácil, ligero, posible; como decirte que eres el amor de mi vida. Y no porque me haces reír; ni por el deseo que aún provocas en mí; ni por la admiración que siento por ti cuando conversamos; ni por tus hermosos ojos en los que quisiera perderme; ni siquiera por la familia que formamos. No, no es por eso. Eres el amor de mi vida porque estás en ella. Pero, temo decírtelo. Prefiero darle un trago a mi bebida, que decirte lo que pienso.

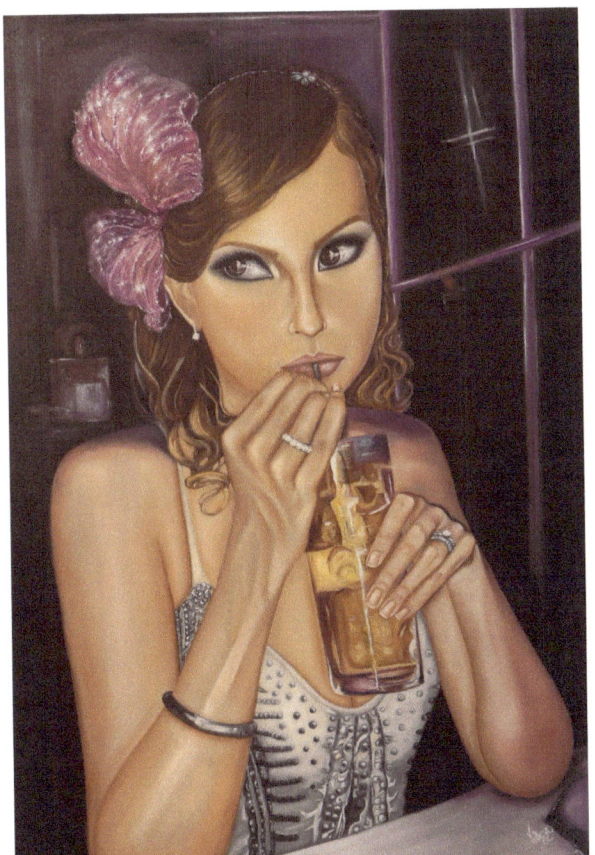

Título: Prefiero darle un sorbo a mi bebida
que decirte lo que pienso
Autor: Martha Villegas
Técnica: Óleo
Medida: 120 x 80 cm
Año: 2023

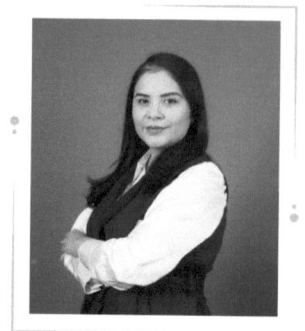

Sara Benavides

Prefiero darle un trago a mi bebida, que decirte lo que pienso... prefiero darle un sorbo a mi malteada de fresa y abrazar a mi niña interior que permanece intacta. Prefiero conservar su alegría por la vida, su capacidad de asombrarse y soñar. Prefiero que vuelen peces sobre mi cabeza. Prefiero recordar los hermosos atardeceres de mi infancia y correr detrás de los pájaros azules. Prefiero mirar hacia adelante y sorprenderme abrazando la vida... hoy vivo de prisa y trato de conservar mi esencia, abrazar a los que amo... He perdido la noción del tiempo y no sé cómo recuperarla...

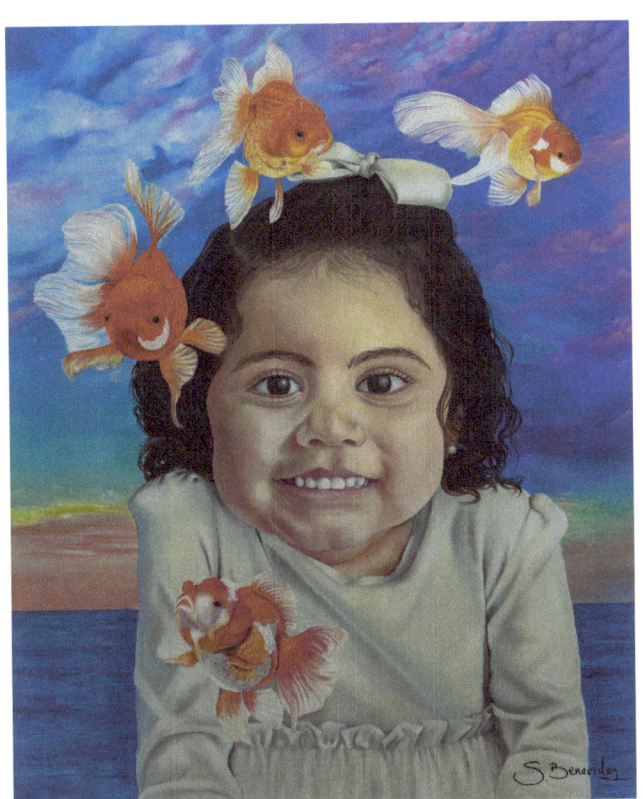

Título: Emoción primaria
Autor: Sara Benavides
Técnica mixta: Óleo y acrílico
Medida: 100 x 80 cm
Año: 2023

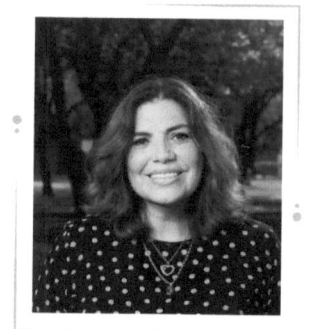

María Enríquez

He perdido la noción del tiempo y no sé cómo recuperarla... solíamos caminar por el parque, no he vuelto desde entonces, me niego a hablar, sólo los recuerdos van y vienen en mi mente, me invade la desesperanza, el sol ya no brilla como antes, extraño nuestras charlas tomándonos una copa de vino, juntar hojas secas de los árboles, recuerdo el invierno que recogimos piñas que caían de los pinos y aquel muñeco que hicimos en la nieve... volví a tu casa y vi tus plantas, no sé si les pesó también tu ausencia, pero las hortensias ya no florecen.

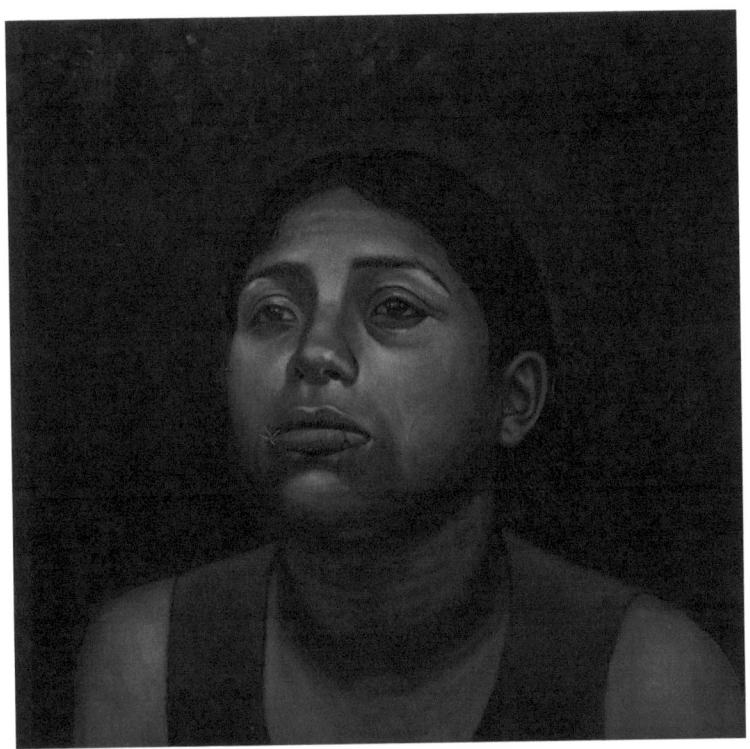

Título: El dolor que nos habita
Autor: María Enríquez
Técnica: Óleo
Medida: 100 x 100 cm
Año: 2023

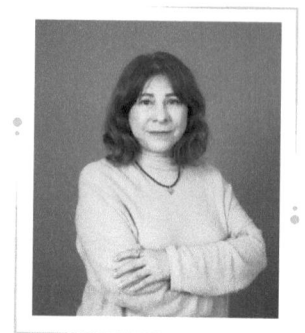

Rosario Cortés

— ·• — ◦ — •· —

Las hortensias ya no florecen por la enorme tristeza que les invade al presentir la indiferencia del ser humano, se nos olvida el respeto a los sentimientos de los demás, se nos olvida que el mundo es casa de todos y que todos tenemos un lugar, se nos olvida que antes de juzgar o señalar a alguien nos debemos poner en su lugar, quizás con esta práctica podamos por fin alcanzar un compañerismo entre los habitantes de algún otro lugar y aún más con los que tenemos cerca, a un lado, en nuestro entorno. Y al final, sepamos amar.

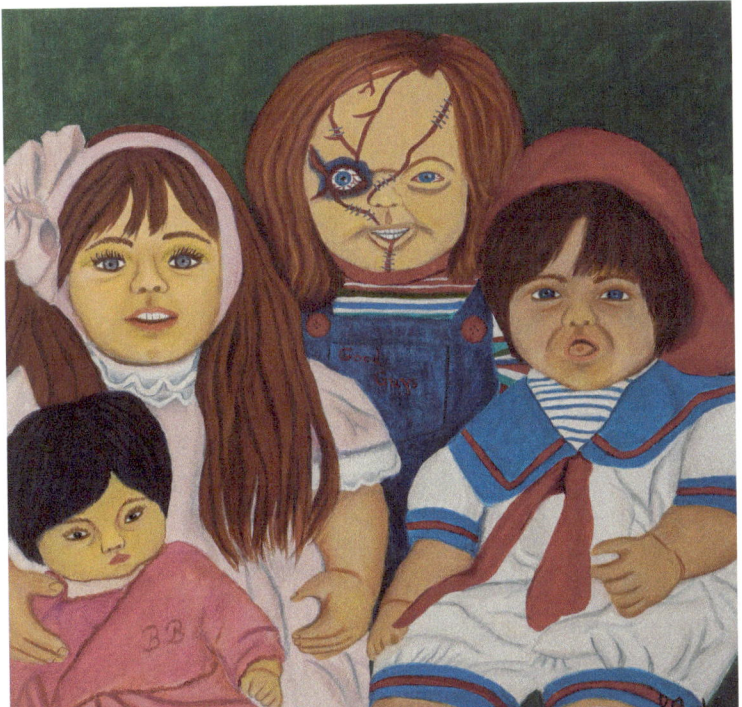

Título: Las hortensias ya no florecen
Autor: Rosario Cortés
Técnica mixta: Acrílico, óleo y grafito
Medida: 60 x 60 cm
Año: 2023

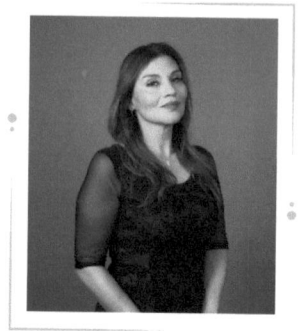

Angie Briones

Y al final, sepamos amar... sin comprometer nuestra esencia que nos salvará de caer en un mar de emociones inversas hasta llegar al fondo de la existencia. Cierro los ojos, reconozco mi sombra y el destello que ilumina el camino de regreso al esperado equilibrio emocional donde el ave fénix encuentra su propio hogar, tomando el impulso para volver a volar; reforzando las alas y así poder avanzar, abrazando el pasado de su evolución. Sagrada luz que le abrió los ojos e iluminó los fragmentos de su alma que habían quedado atrás... vuela alto, muy alto en este mundo dual.

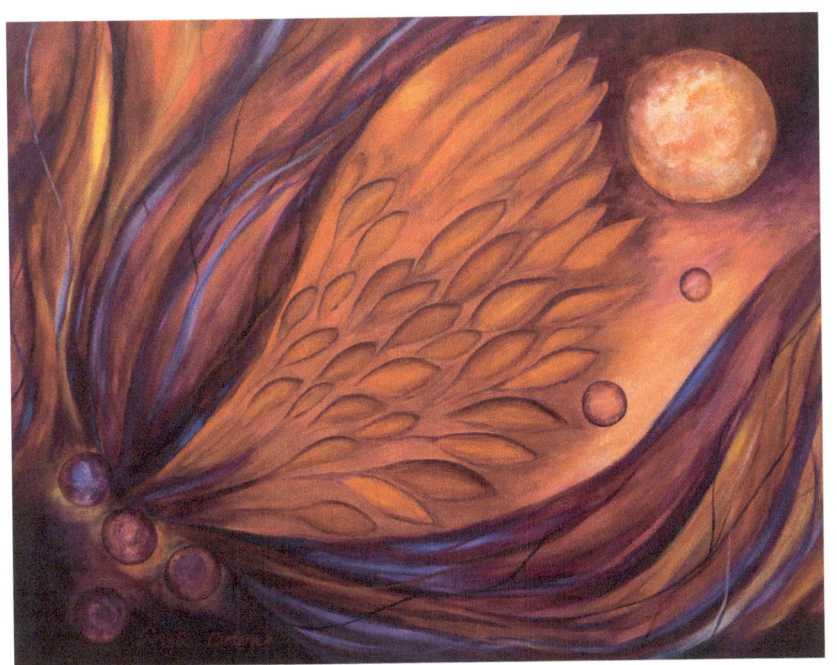

Título: El vuelo del Fénix
Autor: Angie Briones
Técnica: Acrílico
Medida: 80 x 100 cm
Año: 2023

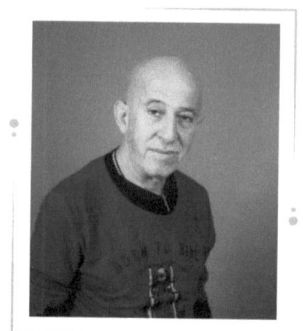

Adán Carlos Villagómez

— · — ● — · —

En este mundo dual al que me he enfrentado... un mundo negativo lleno de peligros a los que he enfrentado y a la vez un mundo lleno de muchas alegrías y muchísimas emociones provocadas por los éxitos. Esos son dos mundos llenos de contrastes en los que me he tropezado y con tu protección me he levantado y con fe he continuado en mi recorrido por la vida agarrado de la mano de Dios y abrazado por ti que desde donde estás me proteges y cuidas... continuando siempre firme mirando hacia el frente, muy seguro. Con la frente en alto.

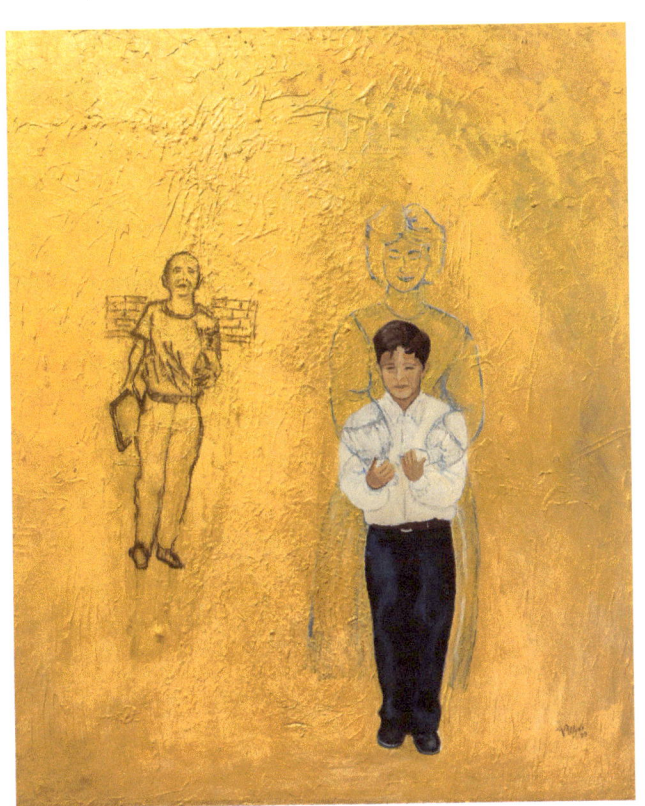

Título: Mi amada entidad
Autor: Adán Carlos Villagómez
Técnica: Acrílico
Medida: 100 x 80 cm
Año: 2023

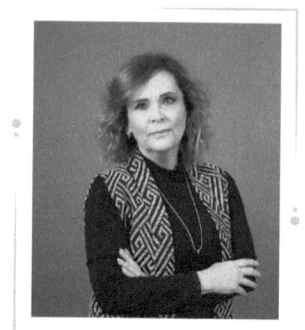

Margarita Isabel

"Con la frente en alto, mente positiva, metas claras, siempre humilde y Dios en tu corazón, continúa siempre adelante" es la dedicatoria de tu libro de oraciones que firma tu mamá en mayo de 1917. Recuerdo la tarde en que me lo diste, tenías una mesa en el jardín con tu vajilla especial, un pastel y té, lo pusiste en mis manos y rezamos juntas. Nunca te di las gracias por sembrar en mí esperanza, afianzar mi fe y fortalecer mi carácter. Hoy con la mesa puesta en el jardín y tu libro de oraciones en mis manos, te extraño.

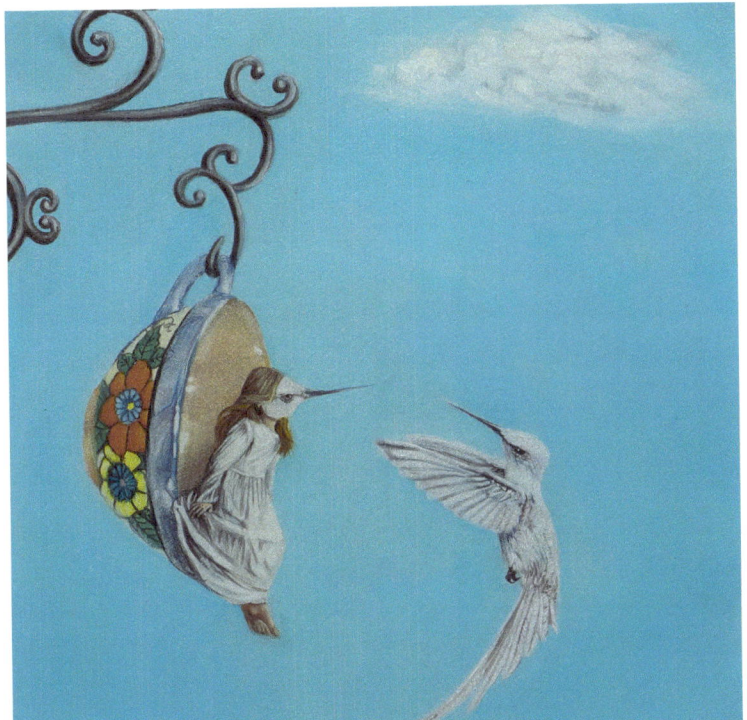

Título: El lugar es aquí, el momento es ahora
Autor: Margarita Isabel
Técnica: Óleo
Medida: 40 x 40 cm
Año: 2023

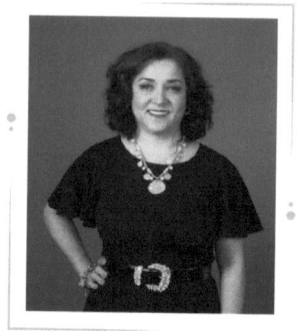

Guillermina Martínez

Te extraño. Son las tres de la mañana, es cuando la soledad pega más fuerte, resulta imposible dormir, los recuerdos traspasan mi piel. Te extraño. Sé que por más que llore no volverás, que la tristeza que anida en mis ojos ya no se irá. Te extraño y me duele el alma y me duele la vida. Si pudiera repetir la historia de mi vida conociendo el final, te buscaría nuevamente sólo para tenerte en mis brazos una vez más. Agradezco a Dios por ponerte en mi camino... Aquí estoy, como el ave fenix lista para resurgir de las cenizas.

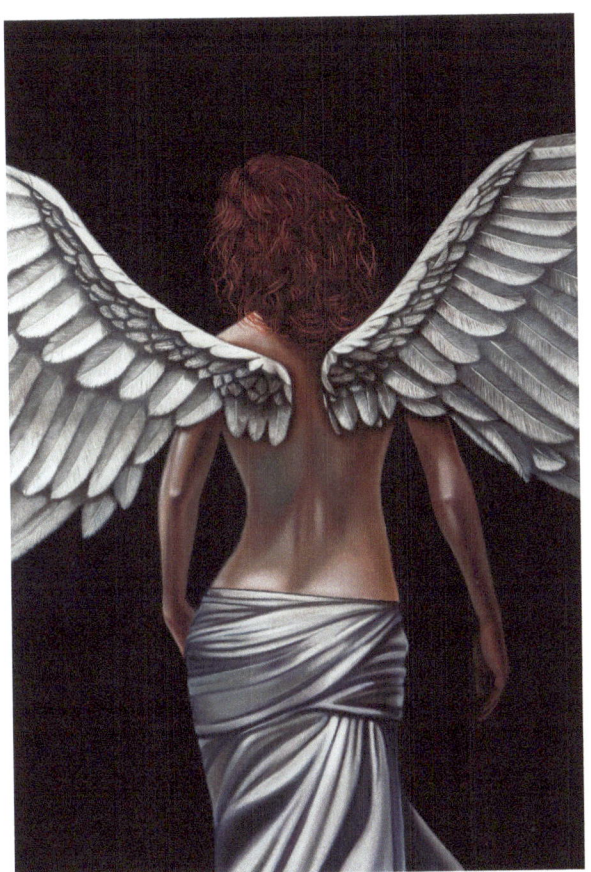

Título: Fénix Resurgiendo de las cenizas

Autor: Guillermina Martínez

Técnica: Óleo

Medida: 150 x 100 cm

Año: 2023

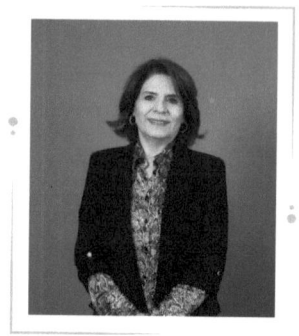

Blanca E. Ramírez

Lista para resurgir de las cenizas cada mañana y en los días tristes y con problemas... Cierro mis ojos y busco la alegría. No la debo perder, la encuentro, la moldeo y me detengo a contemplar una antigua imagen, veo la expresión de su semblante, su inocencia, pureza, su infancia que me remonta a la mía, esa etapa en la que éramos más puros; en la que la vida se podía reducir a jugar, a apreciar la naturaleza, a encontrar el mar en el cielo y viceversa. Intentaré combinar la paz, con la tranquilidad y obtendré una vida de color.

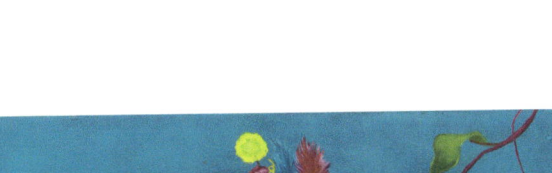

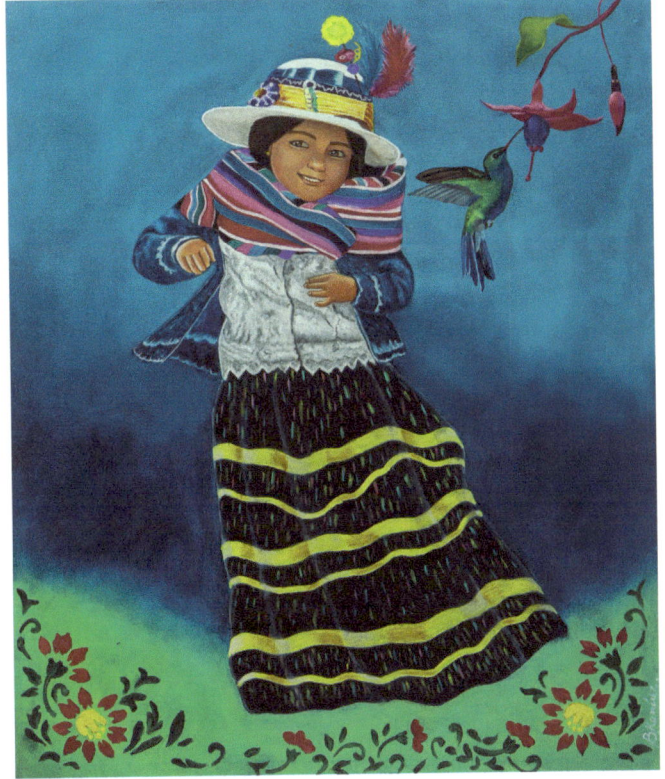

Título: Alegría

Autor: Blanca E. Ramírez

Técnica: Óleo

Medida: 60 x 50 cm

Año: 2023

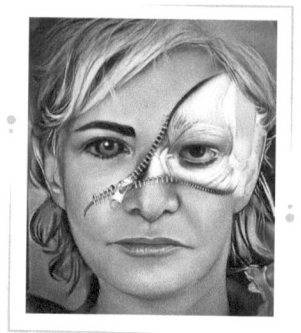

Adriana Dib

Una Vida de color, eso sería lo ideal, aunque nuestra vida está sesgada por ciertos tonos y conmociones como el orgullo, y éste nos lleva a un sentido inherente de aparente superioridad sobre otros,.. cuando esto ocurre, esta "inseparable" preponderancia puede fácilmente producir pensamientos, actitudes y acciones prejuiciosas contra otros que son diferentes a nosotros en religión, raza, partido político, nacionalidad, posición económica, nivel educativo, preferencia sexual,.. es decir, nuestro orgullo genera "abismos" en la sociedad al involucrarse inevitable y constantemente en contra de personas distintas a nosotros,.. Entonces, .. si, aunque sesgada y fracturada, todo es: Una Vida de Color.

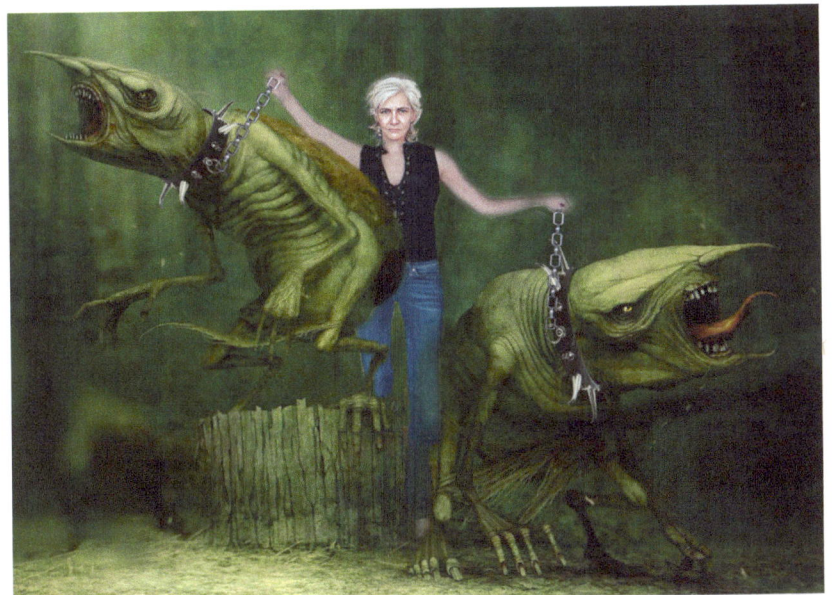

Título: Orgullo y prejuicio
Autor: Adriana Dib
Técnica: Fotografía sobre imagen digital
Medida: 72 x 100 cm
Año: 2023

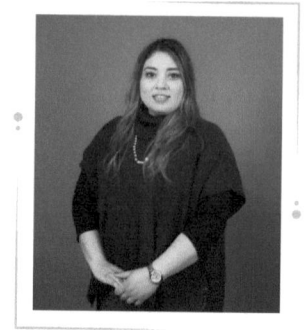

Azucena Cruz

Una vida de color se logra por medio de hilos de amor que se tejen y desatan, que evolucionan en anhelos y sueños liberados. El camino cambia, crecemos, aprendemos, nos reinventamos. Un día, nuestros hijos de colores revolotean pero siempre conservan la llave directa a nuestro corazón. Tan iguales y tan diferentes. El amor siempre será lo más importante, y la familia, el pilar que lo sostiene... ¡Mi universo!, el que busco expresar y pintar, el que me acompaña en los días tranquilos y en los que creo que he perdido la noción del tiempo y no sé cómo recuperarla.

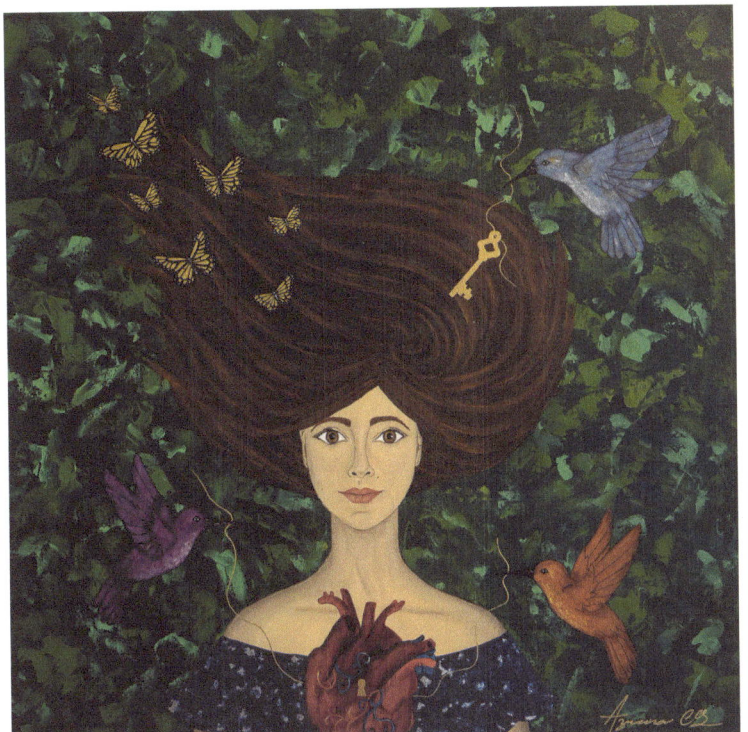

Título: Family portrait

Autor: Azucena Cruz

Técnica mixta: Acrílico y hoja plata

Medida: 100 x 100 cm

Año: 2023

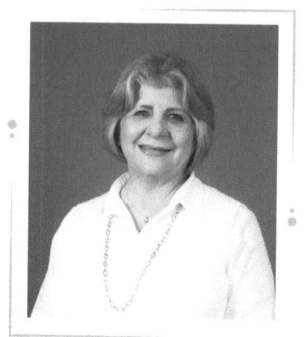

Clara Salazar

He perdido la noción del tiempo y no sé cómo recuperarla... Tener la sabia virtud de conocer el valor del tiempo es algo en lo que todos nosotros podemos trabajar y apreciar. Que la nostalgia de ver pasar mi vida me deje un sabor de felicidad de lo vivido. Que esta moneda de gran valor que recibí al nacer, sólo yo puedo determinar cómo gastarla a sabiendas que Dios me otorgó una cantidad limitada de vida, por lo que tengo el deber de usarla con inteligencia y prudencia. Por falta de prudencia y exceso de impulsos negativos cometemos muchos errores.

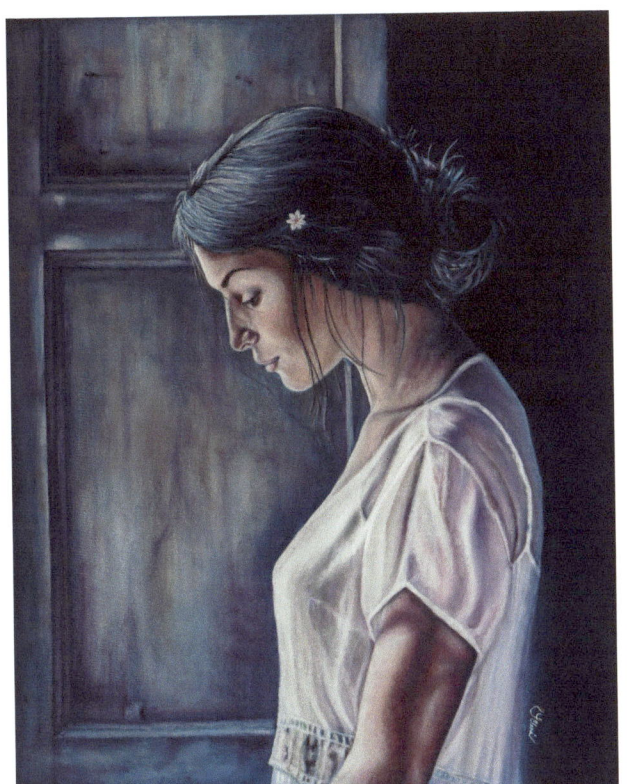

Título: Nostalgia
Autor: Clara Salazar
Técnica: Óleo
Medida: 90 x 70 cm
Año: 2023

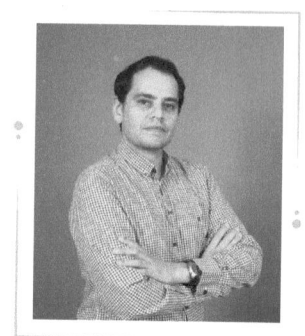

Salvador López

Cometemos muchos errores... y en el fracaso a veces nos ahogamos en un mar de emociones. En este lugar, vulnerables, es donde podemos encontrarnos a nosotros mismos, con esos fracasos y aciertos, con nuestras penas y también nuestras alegrías. Requiere de coraje levantarse e intentarlo de nuevo, pero cada acción no es insignificante, nos acerca a donde queremos llegar. Una gota de agua cayendo constante con el tiempo puede perforar una roca... Sanaremos, seremos más fuertes y dentro de la adversidad llegaremos a encontrar la esperanza. Observando desde la completa obscuridad el brillo de la luz se vuelve más intenso.

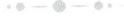

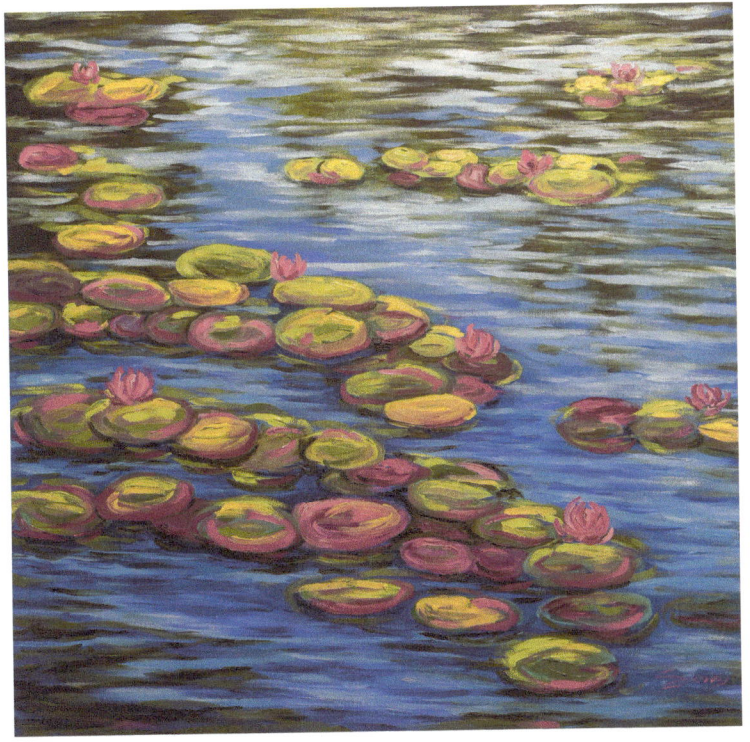

Título: Reflejos
Autor: Salvador López
Técnica: Óleo
Medida: 100 x 100 cm
Año: 2023

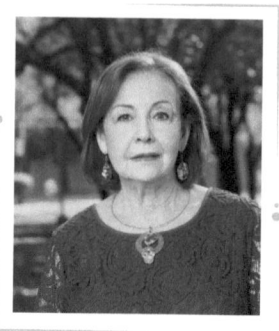

Norcedalia Treviño

· — ● — ·

El brillo de la luz se vuelve más intenso al subir la colina. El sendero se borró con la tormenta... Atrapada en una burbuja, triste por los amigos que se han ido. El aire tóxico, abrazos, caricias y besos son peligrosos. Los días transcurren monótonos, opacos. Una espera larga, sin saber qué esperar. Busco la energía para salir de esta vida que apenas vivo. Me permito respirar el aire fresco de la mañana, sentir las caricias del sol; abro de nuevo mi corazón para que el amor fluya como el agua del río, abriendo caminos, sembrando vida a su paso.

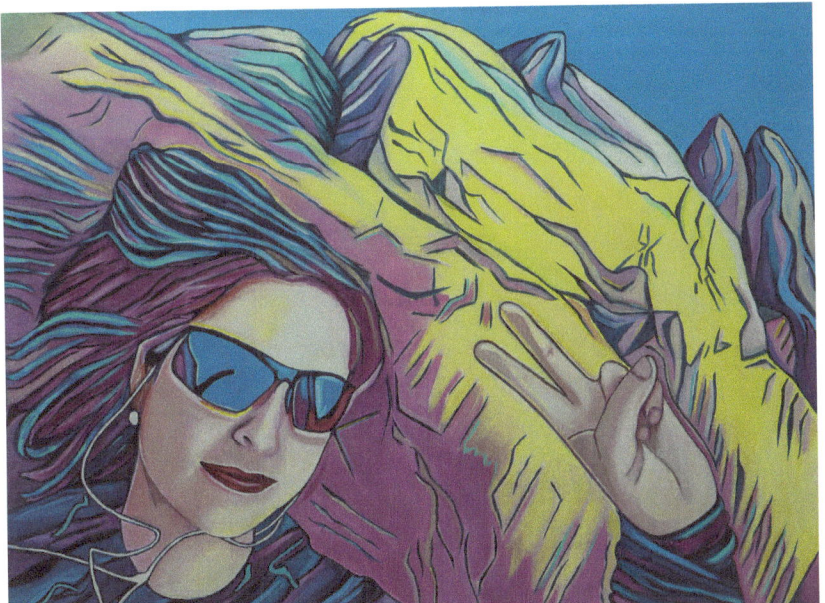

Título: Abriendo caminos
Autor: Norcedalia Treviño
Técnica: Acrílico
Medida: 60 x 80 cm
Año: 2023

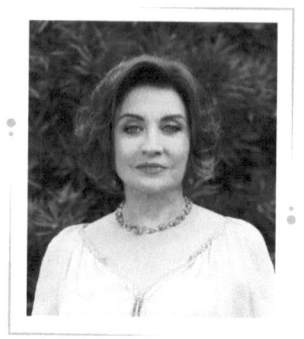

Celina Gámez

Sembrando vida a su paso... era algo imposible de pensar, la carcomía el odio, los malos instintos aparecían... todo habría sido diferente si su elección hubiera sido rodearse de personas que la ayudaran o de actos de generosidad y de esa forma encauzar esa energía, para no dejarse llevar por el rencor y la ira, al vivir con esos sentimientos y llegar a convertirse en un ser que desea el mal a todos los que tenía a su alcance. Perdiendo la posibilidad no solo para ella vivir en paz y armonía sino también cosechando amor... Sembrando amor a su paso.

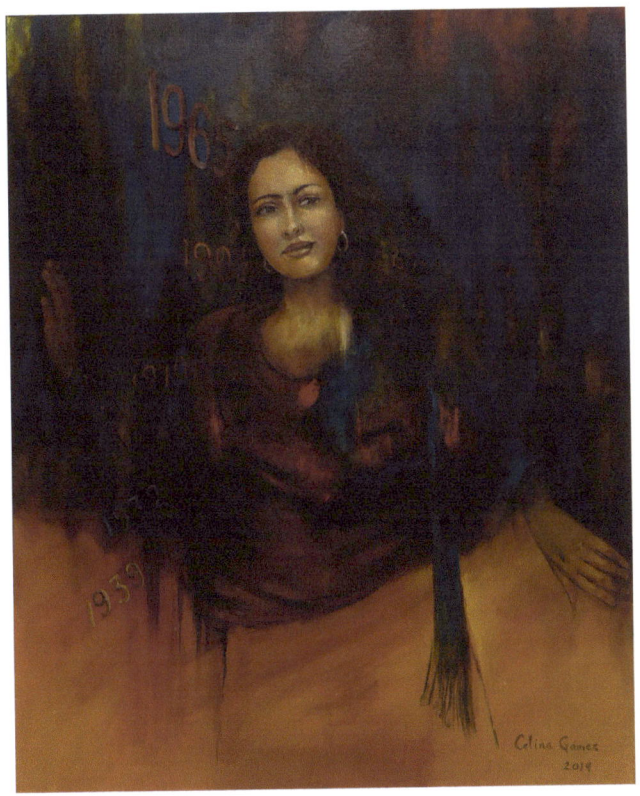

Título: Rompiendo muros

Autor: Celina Gámez

Técnica: Óleo

Medida: 80 x 100 cm

Año: 2023

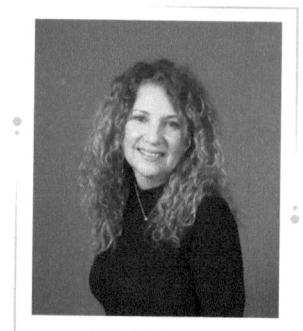

Betty Flores

Sembrando amor a su paso... desde que era niña he pensado en que el día en que ya no esté aquí en la Tierra me gustaría ser recordada de alguna forma especial. He pensado en cómo lograrlo y un día me regalaron la frase perfecta: Sembrando amor a mi paso. Pensé en lo que significa y en lo que he venido aplicando en estos últimos cuarenta años... en el arte, con mis amistades, familia y trabajo. Mi semilla de amor es lo más importante que tengo, con ella busco crecer, florecer, dar sombra y llenarme de mariposas... todos los días.

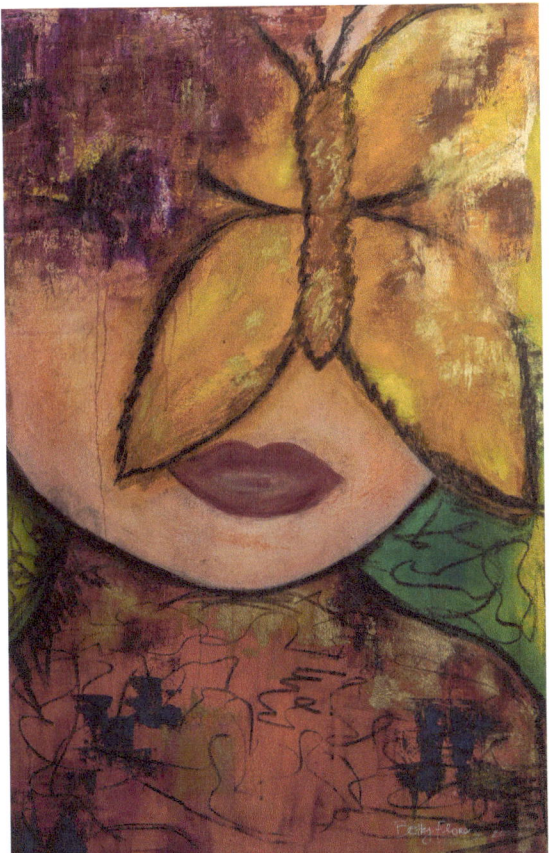

Título: Sembrando Amor
Autor: Betty Flores
Técnica mixta: Acrílico, óleo, carboncillo y pigmentos
Medida: 80 x 120 cm
Año: 2023

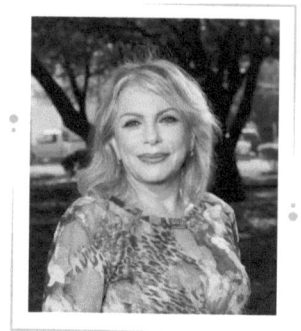

Lolys Cabriales

· ● — ● — ● ·

Todos los días... elijo la eternidad. Logro imaginar la trascendencia femenina y la encapsulo en un lienzo. En él, una mujer se encuentra sentada sobre el planeta Tierra, simbolizando su libertad más allá de las limitaciones terrenales. Sus manos se extienden hacia las cuerdas de un instrumento musical, evocando la alegría de avanzar. Expresa la hermosura, la esperanza, la nostalgia y la paz que experimenta. Esta eternidad invita a contemplar el poder transformador del espíritu humano y a recordar que la búsqueda de la eternidad puede encontrarse en la liberación del alma cuando cada día, con consciencia, elijo la paz.

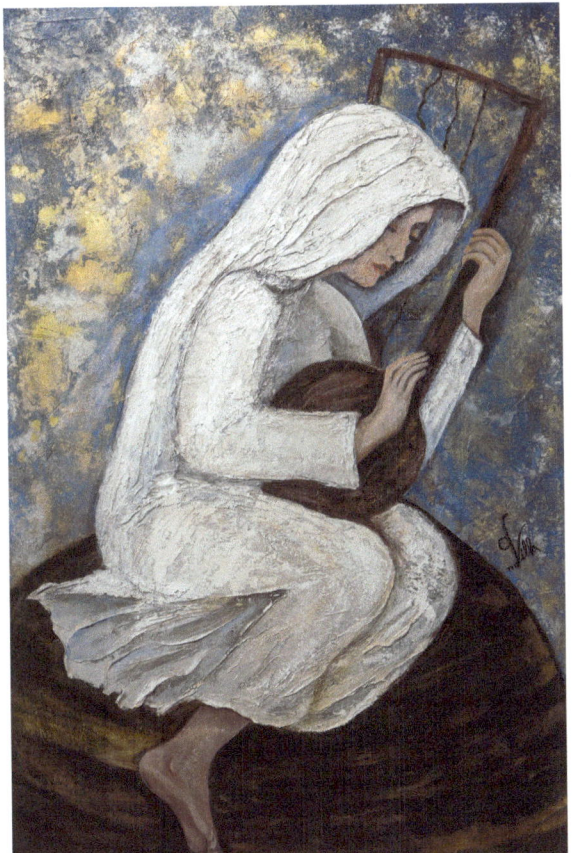

Título: Eternidad
Autor: Lolys Cabriales
Técnica mixta: Acrílico, plastilita y óleo
Medida: 120 x 80 cm
Año: 2023

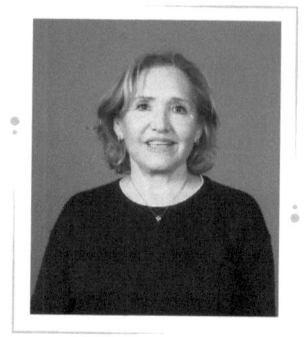

Laura Suárez

Elijo la paz... claro que elijo mi paz. Donde hay paz sólo caben cosas buenas. Un día de caos en la vida de alguien... Desde las 6 de la mañana se rebela contra el despertador, el espejo, la regadera, el tráfico, el precio de la gasolina y contra su aburrida, demandante y sobrecargada agenda. Todo esto repercute en su relación con los demás... todo el día, la semana, el mes, el año, la vida. Quiere armonía... Por la noche decide soñar con cosas simples... libélulas que vuelan en círculos perfectos... sólo son libres... La paz es... el antídoto del caos.

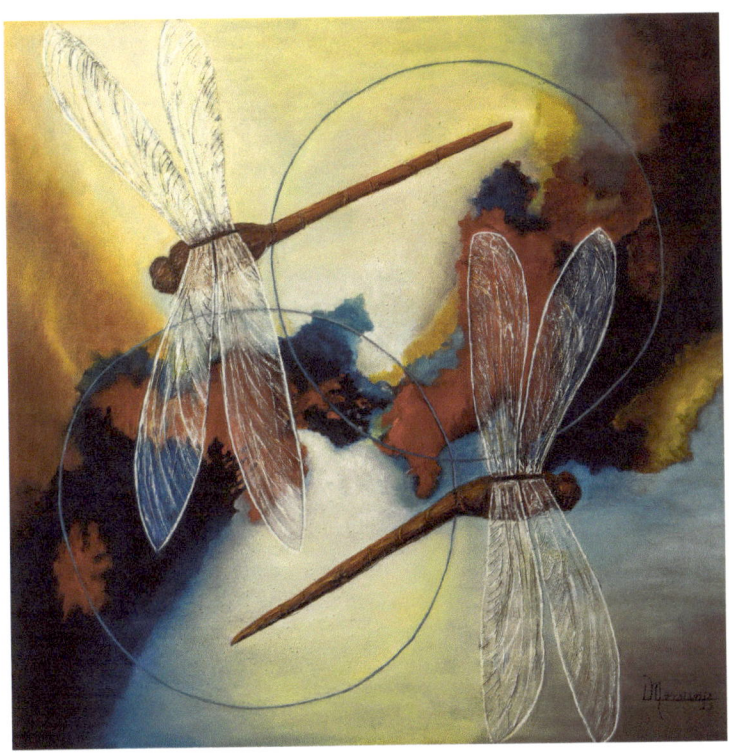

Título: Armonía
Autor: Laura Suárez
Técnica mixta: Óleo y texturas
Medida: 80 x 80 cm
Año: 2023

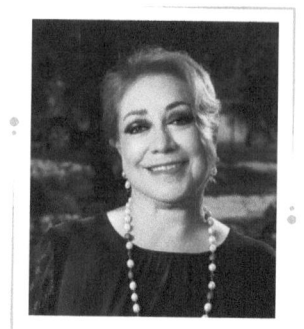

Olivia Bernal

El antídoto del caos, son los momentos que coseché en mi infancia y los que ahora me comparten. Sol, arena, mar, inocencia, espontaneidad. Observo a Meli, tal cual es, sin poses, natural, siendo la niña que le tocó ser, disfrutando el momento, su realidad. Juega, observa, sonríe, crea castillos, es feliz. Tal vez no logra comprender que su corazón está en paz, pero su imagen lo dice todo. Respira, disfruta, comparte. Siente la textura de la arena mientras escucha las olas del mar y el sol baña su hermosura. Conserva tu alegría mi niña amada y siembra los mejores recuerdos.

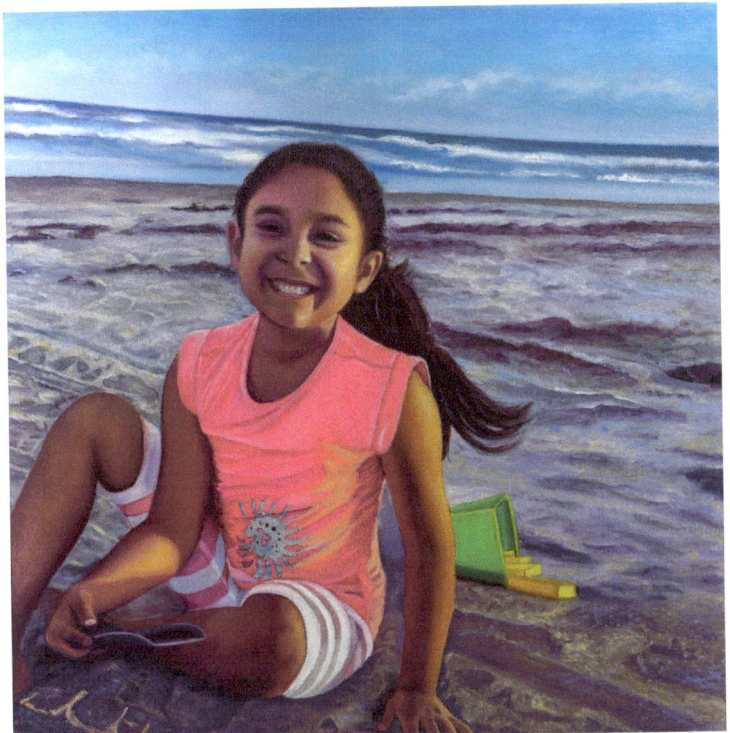

Título: *La fille et la mer*

Autor: Olivia Bernal

Técnica mixta: Óleo sobre media creta

Medida: 40 x 40 cm

Año: 2023

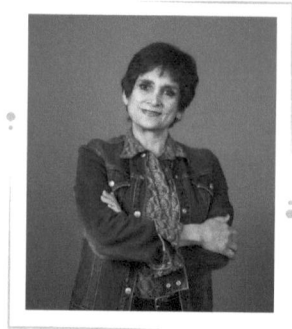

Irma Gloria Ramírez

Siembra los mejores recuerdos, como ese que me remonta a pensar en mi abuelo, el entusiasmo con el que salía cada mañana a labrar la tierra, la tierra que tanto amaba, con el afán de ver germinar las semillas que sus manos sembraron, sus manos llenas de trabajo arduo, sabiduría y generosidad. Sesgando la cosecha con gratitud al cielo y continuar con mil afanes para empezar de nuevo a sembrar esperanza... Aún siento ese día que lejano es, su partida... el tiempo no toca ni borra de mi alma los recuerdos; sus enseñanzas las llevo en mi corazón por siempre.

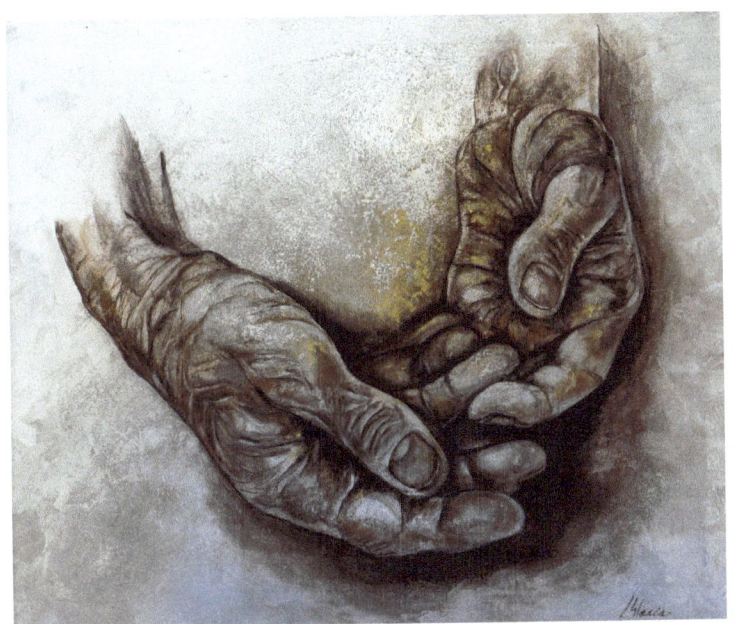

Título: Gratitud

Autor: Irma Gloria Ramírez

Técnica mixta: Óleo y acrílico

Medida: 70 x 80 cm

Año: 2023

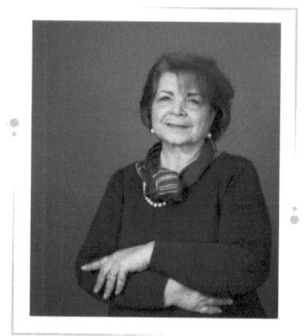

Cecilia Félix Chapman

· — ● — ·

En mi corazón por siempre recordaré el inicio de mi familia. Nuevos planes con mi esposo y una noticia se anuncia. Pensaba que toda mi vida sería una eterna luna de miel. Llevaba unos meses apenas disfrutándolo, sin apenas sospecharlo me llenó de responsabilidades. Entonces deberemos hacer cambios profundos. Nosotros sólo cuidábamos del perrito al que los dos amábamos. Ahora debemos ajustarnos, dejar los planes de negocios y proyectos personales. Pero, ¡¿qué creen?! Llega nuestro bebé trayendo tanta realización y alegría ¡que ni pensamos nunca! Disfrutaremos nuestra nueva experiencia, esperaremos para completar nuestra felicidad... pero la felicidad llegó antes.

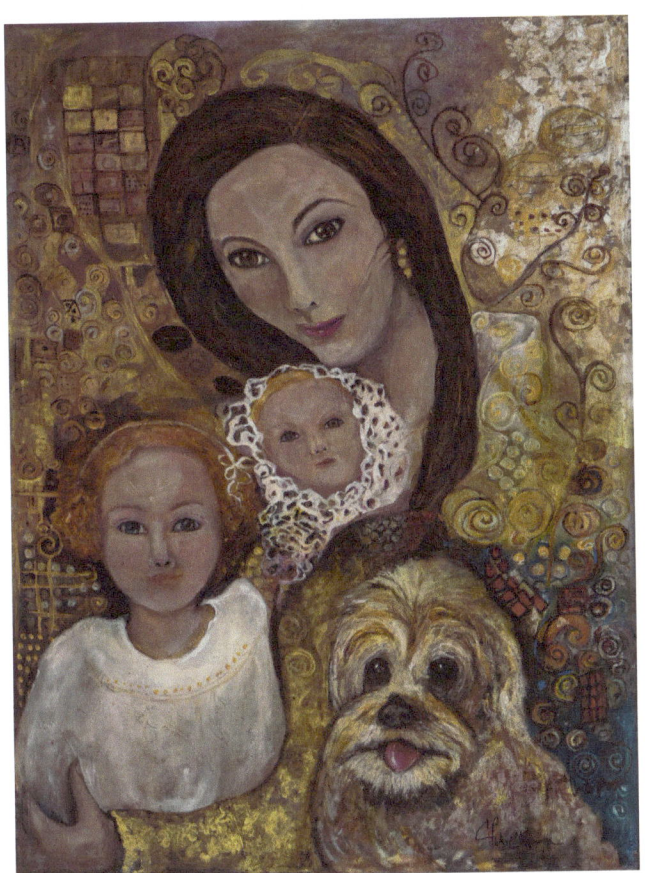

Título: Ana Cecy
Autor: Cecilia Félix Chapman
Técnica mixta: Acrílico, plumines, hoja de oro y tintas
Medida: 120 x 80 cm
Año: 2023

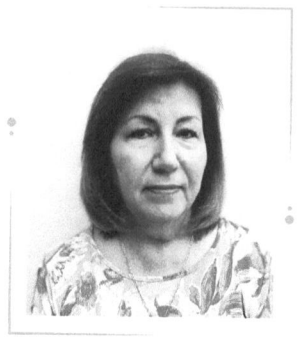

Leny Garza Alanís

· • — ◦ — • ·

Pero la felicidad llegó antes... porque me decidí a entrar en la obscuridad, intentando encontrar lo bueno de otros, el lado positivo de la vida, esos detalles que todas las personas poseen, pero que solo los más observadores identifican. Y mirando detenidamente a mi alrededor percibo todo aquello que está ahí y que pasa inadvertido cuando lo damos por hecho. Atenta y con asombro, comienzo a descubrir esas luces que están brillando. Algunas son tenues, otras son de un intenso resplandor que deslumbran, dejando en mi interior la sensación de alegría que llena de paz. *Ahora mis ojos observan mejor.*

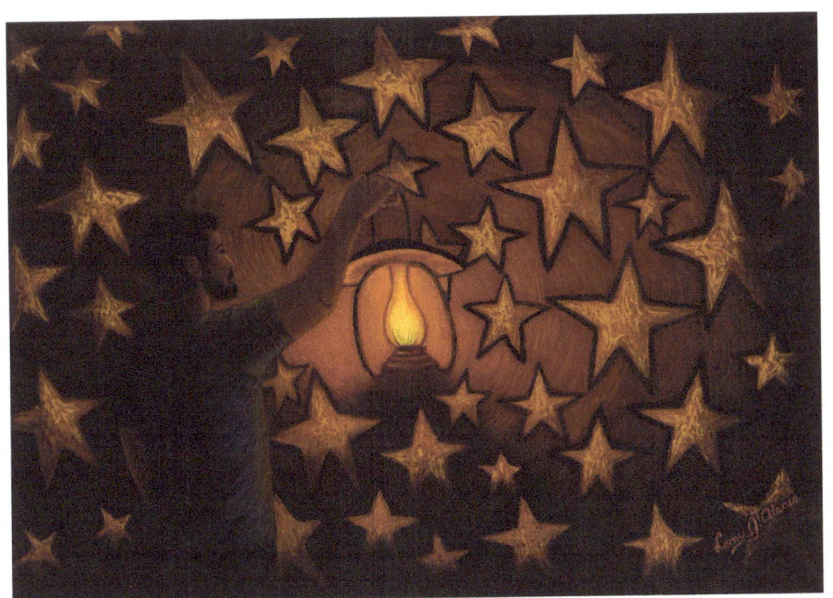

Título: El buscador de estrellas
Autor: Leny Garza Alanís
Técnica: Acrílico
Medida: 70 x 50 cm
Año: 2023

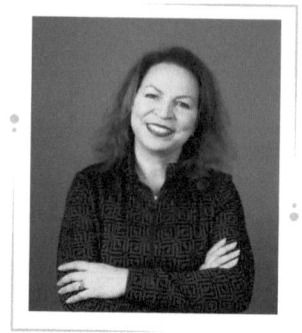

Edna Sáenz

Ahora mis ojos observan mejor y ponen atención a cada pequeña parte. Siempre he pensado que en los detalles está la diferencia, pero tal vez hasta este momento es que caigo en la cuenta de que, desde que llegaste a nuestras vidas, ellos simplemente dejaron de ver las banalidades del mundo para enfocarse en lo realmente importante... lo que sienten al contemplarte. Aprendieron a conectarse no sólo con el cerebro, sino con mi corazón y mi ser. Mirar en lo que te has convertido, en cómo compartes tus dones y tu filosofía de vida... los llena de orgullo y felicidad.

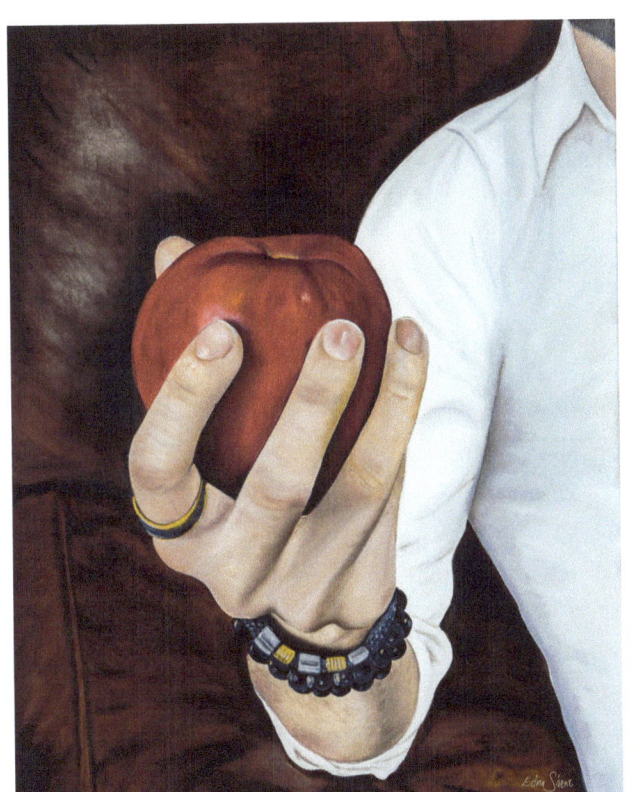

Título: Corazón y memoria
Autor: Edna Sáenz
Técnica: Óleo
Medida: 90 x 70 cm
Año: 2023

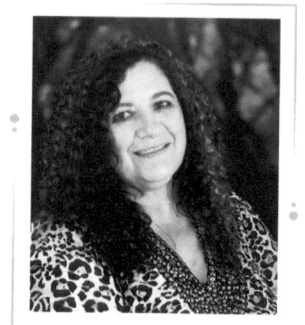

Tere Elizondo

Los llena de orgullo y felicidad...

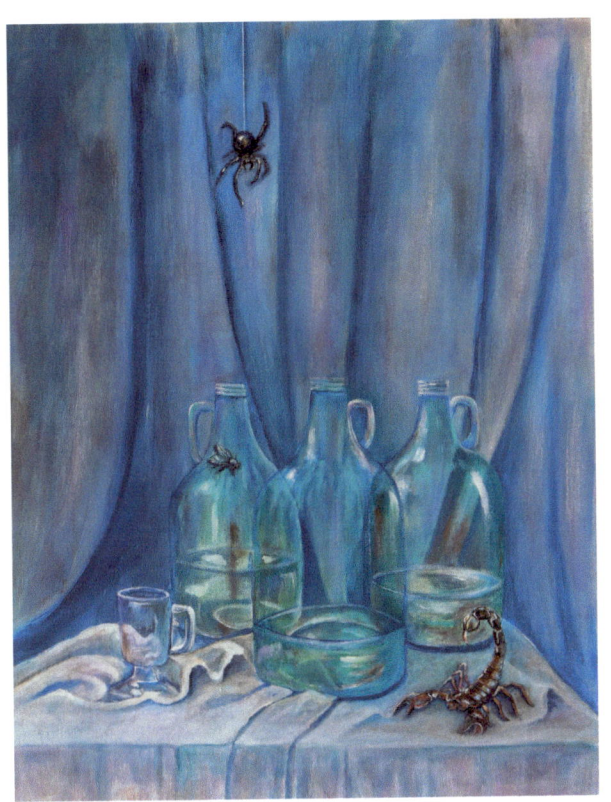

Título: GRIMA, la trilogía
Autor: Tere Elizondo
Técnica: Acrílico
Medida: 90 x 50 cm
Año: 2023

Esos sentimientos intensos que alteran el ánimo son las emociones. Nacen sorpresivamente provocando alegría, tristeza, vergüenza, orgullo, felicidad, esperanza, ansiedad, celos, incertidumbre... un sinfín de estados de fuerza que se instalan, sin pedir permiso, en el corazón y en la mente; que hacen gritar, reír, llorar, enfadar, callar, bailar o agredir, según sea la situación. Comienzan a trabajar desde que amanece, con el olor del café, con el beso de buenos días. Las emociones forman el carácter y la personalidad. Nadie se escapa de sentirlas y de expresarlas.

Este libro es una muestra de las múltiples emociones vividas por los artistas plásticos de la APM. Aquí se encuentran plasmados los sentimientos más honestos que nacieron en los corazones de los creadores de esta bella obra. Bajo la dirección de Luz, se logró la catarsis de sentimientos guardados y en algunos casos escondidos, que vieron la luz por primera vez en las obras y los escritos hechos por los artistas. Deseamos que el lector haya disfrutado al conocer este trabajo, como nosotros al realizarlo.

Martha Laura Villegas de la Vega
Vicepresidenta de la Asociación Plástica de Monterrey
Año 2023

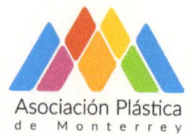

Asociación Plástica
d e   M o n t e r r e y

Microrrelatos
encadenados

www.ingramcontent.com/pod-product-compliance
Lightning Source LLC
Chambersburg PA
CBHW040758240526
45474CB00008B/94